Guía familiar para abordar el duelo en la infancia

Siempre en mi corazón

MILENA GONZÁLEZ

Guía familiar para abordar el duelo en la infancia

Siempre en mi corazón

TOROMÍTICO

Ediciones Toromítico • Colección Padres y educadores
Director editorial: Óscar Córdoba
Edición: Rebeca Rueda

www.toromitico.com
pedidos@almuzaralibros.com - info@almuzaralibros.com
Parque Logístico de Córdoba. Ctra. Palma del Río, km 4
C/8, Nave L2, n° 3, 14005, Córdoba

Síguenos en @toromiticolibros

Imprime: Gráficas La Paz
I.S.B.N.: 978-84-11317-23-8
Depósito legal: CO-1507-2023
Hecho e impreso en España - *Made and printed in Spain*

A mi papá:
mi primer maestro y mi primer amor.
Quien me enseñó el arte de la
disciplina, la persistencia y ahora de la
resiliencia al decirme adiós.
Te amo siempre papi.

PRIMERA PARTE
Cuento: Siempre en mi corazón

SEGUNDA PARTE
Abordaje de la muerte y el duelo en la infancia

PRIMERA PARTE

Cuento

¿Alguna vez se ha ido para siempre alguien que amas? ¿Una mascota con la que llevabas tiempo viviendo; un abuelo que te achuchaba cada tarde durante la merienda; una abuela que se reía a carcajadas contigo cuando le contabas tus historias, o aquella persona que era muy importante para ti y que hoy ya no está?

Este cuento va de eso. De cuando las personas que amamos se van y no las volvemos a ver más. De lo desconocido que es el sentimiento de la tristeza cuando perdemos a alguien. De lo difícil que es para los demás y también para nosotros saber qué decir en esos momentos. Pero, sobre todo, este cuento nos ayuda a recordar que, cuando aquellos a los que amamos se van y ya no los vemos más, permanecen para siempre reservados en un lugar muy especial que llevamos dentro de nosotros.

Siempre en mi corazón

Era la hora de merendar, y la dulce cangurito de color gris escuchó aquel llamado especial del gran canguro marrón que la avisaba de que ya era hora de ir a comerse esas deliciosas gramíneas que con tanto mimo él había escogido y guardado en su gran marsupio para degustarlas debajo de aquel frondoso roble que había sembrado justo el día que la pequeña cangurito nació.

El gran canguro marrón era muy amable con todos en el bosque; todos lo respetaban, lo querían, y él también los quería a todos, aunque a veces no sabía cómo expresarlo. Sin embargo, el amor que sentía por la dulce cangurito de color gris era incomparable e inquebrantable; a ella sí le decía muchas veces que era su cangurito especial, y con alegría les decía a todos los animales del bosque cuánto la quería y lo orgulloso que se sentía de ella.

La pequeña cangurito gris siempre tenía su bolsita llena de gramíneas que el gran canguro marrón escogía con mucha maña para ella cada día. Estaba tan segura del gran amor que él sentía por ella que sabía que nada podría hacerle daño en el gran bosque, porque, con lo fueeeerrrteeeee, altooooooo y respetado que era, podría defenderla de cualquier animal salvaje que quisiera hacerle daño.

Pero un día todo cambió. El gran canguro marrón y la pequeña cangurito gris salieron a merendar sus gramíneas como todos los días debajo de aquel frondoso roble, y, al volver a casa, y luego de darle un gran abrazo y beso a su querida y pequeña cangurito, el gran canguro marrón se recostó en el frondoso pasto verde para descansar y cerró sus ojos para dormir; pero esta vez los cerró para siempre. El gran canguro había muerto.

Al día siguiente, cuando la pequeña canguro despertó y notó que los ojos del gran canguro ya no se abrían y que tampoco respiraba, sintió un dolor muy muy grande, capaz de formar un eco tan fuerte en todo el bosque que traspasó a su vez su corazón, dejándole un vacío tan profundo y frío como su pequeña bolsita, que ahora se encontraba vacía también, como ella, y sin ninguna gramínea.

Todos los animales del bosque acudieron inmediatamente a acompañar a la pequeña canguro gris. Querían ayudarla, pero no sabían qué decir. Poco a poco se fue rompiendo el silencio. La ardilla roja la abrazó y le dijo: «No estés triste, hubiera podido ser peor». El viejo zorro se acercó y le dijo: «Sé que es doloroso, pero seguro que al gran canguro no le gustaría verte así de triste». La comadreja la miró y le dijo: «La muerte nos va a llegar a todos tarde o temprano». La gran liebre de color avellana susurró: «Sé fuerte, el tiempo todo lo cura». Y así, durante varios días, la pequeña cangurito gris seguía recibiendo mensajes como estos que, poco a poco, iban haciendo más profundo el agujero que ella sentía por dentro: «Tienes un ángel en el cielo»; «Hay que aprender a vivir con el dolor»; «Aprende a vivir con su ausencia»; «Si lloras, no lo dejas descansar». Y como si de una avalancha de voces se tratara, la pequeña cangurito gris se sintió tan agobiada que salió corriendo sin saber hacia dónde.

Sus amigos tenían muy buena intención con cada uno de sus comentarios. No querían hacerle daño, realmente querían ayudarla, pero hasta ese momento ninguno de ellos había perdido a uno de sus seres queridos, y por eso no sabían cómo se sentía realmente la pequeña canguro.

Cansada de correr, se detuvo para respirar un poco, apoyando su mano sobre un frondoso árbol. Mientras tomaba aire y observaba a su alrededor, se dio cuenta de que el árbol sobre el que estaba apoyada era justo aquel gran roble, testigo de todas sus tardes de merienda con el gran canguro de color marrón.

Empezó a llorar, estaba muy confundida por la tristeza que sentía; era una emoción desconocida para ella y para todos sus amigos del bosque.

De repente, escuchó una voz que le dijo:

—No se trata de olvidarlo, sino de aprender a recordarlo con amor.

En un primer momento, la cangurito se asustó, no sabía de dónde venía aquella voz tan particular y pensó que se estaba volviendo loca. Sin embargo, subió un poco más su mirada hacia la copa del árbol y se dio cuenta de que quien hablaba era el viejo y sabio búho del bosque.

Volvió a decirle:

—No tienes que olvidarlo, pequeña canguro; se trata de que aprendas a recordarlo con amor. El gran canguro ha muerto, ya no está con nosotros y tampoco volverá, pero eso no significa que tengamos que olvidarlo. Olvidarlo es tan loco como pensar que nunca tuviste tardes de meriendas con él, y no es así; tú y todos tenemos muchas historias con él.

»La primera vez que yo perdí a alguien a quien amaba mucho, todos mis amigos también me dijeron muchas cosas como las que te han dicho a ti. Que se había dormido, que ahora era una estrella más en el cielo y también que se había ido a un largo viaje; esa última frase nunca la entendí... Porque pensaba: «Si se fue de viaje, ¿por qué no se despidió de mí?». Luego, cuando fui haciéndome mayor, me di cuenta de que, cuando alguien muere, la gente no sabe qué decir porque, aunque la muerte ocurre siempre, es algo de lo que no hablamos mucho.

»A medida que fui creciendo, empecé a comprender que todas esas cosas que nos dicen los demás se deben a que, con ellas, nos quieren ayudar a sentirnos mejor. Y aunque a veces es difícil para ellos decirnos que el amigo, mascota o familiar que se ha ido nunca volverá, el regalo más bonito que pueden hacernos en esos momentos es dejarnos llorar y acompañarnos con mucho amor mientras lo hacemos. A veces, incluso, sin decirnos nada. Una mano en el hombro o un «Estamos juntos en esto» ha sido muchas veces suficiente para sentir que mi dolor es válido y que puedo llorar sin sentirme mal por ello. Porque a veces el vacío que sentimos dentro es tan profundo que solo puede llenarse llorando.

»He aprendido que, cuando alguien a quien amo se va para siempre, puedo sentir tristeza, y que es ella precisamente quien viene a ayudarme a entender poco a poco todo lo que vivo en ese momento. A veces, cuando la tristeza aparece, las personas suelen darte explicaciones diferentes sobre esa emoción. Unos dicen que no debes dejarla entrar; otros dicen que no es buena; otros comentan que es una emoción muy negativa. Lo cierto es que, cada vez que permito que la tristeza me hable, siento como si mi dolor pudiera ser escuchado, es como si hablar de lo que siento con alguien más me ayudara a retomar fuerzas para seguir viviendo. Solo así he podido aprender a recordar con amor a todos aquellos que hoy ya no están conmigo.

—¿Y cómo lo recuerdo con amor, si ya no puedo estar con él? Tengo miedo de dejarlo de amar algún día o de olvidarlo. Yo no lo quiero olvidar ni lo quiero dejar de amar —sollozó la pequeña canguro.

—Esa pregunta también me la hice yo en aquel momento. Porque nadie sabía responderme a dónde se había ido ni cómo iba a ser todo después de haber muerto. Yo solo sabía que tenía que haber un lugar

en alguna parte del mundo donde mi ser querido pudiera seguir estando, aunque ya no lo pudiera ver. Y mientras fueron pasando los días, descubrí cuál era ese lugar.

»Mientras cerraba mis ojos, recordaba los días en los que jugábamos juntos, las veces que nos reíamos sin parar y los momentos en los que nos enfadábamos también. Cuando miraba aquellas fotos que nos hicimos juntos, sentía que dentro de mí se encendía la alegría; cuando iba a los lugares a donde solíamos ir, era como si estuviera viviendo de nuevo ese momento, porque sentía muchas emociones dentro de mí. Así que, un día, mi madre me preguntó: «¿De dónde crees que vienen todos esos recuerdos, imágenes y emociones?». Me di cuenta de que venían de uno de los tesoros más preciados que pueden existir. Todo esto nace en tu corazón y en mi corazón.

En ese momento, la pequeña canguro abrió sus ojos como si por fin alguien hubiera podido entender perfectamente lo que estaba sintiendo. Era como si el búho hubiese tenido el poder de leer sus pensamientos.

—¿Sabes?... —dijo el búho—. El amor nunca muere, pequeña canguro. En nuestro corazón tenemos una caja muy especial en la que están guardados los momentos más bonitos que vivimos con las personas que amamos. Y cuando ellos ya no están, esos recuerdos siempre se quedan allí. ¡Los recuerdos no se mueren! ¿Y sabes qué? Hay muchas formas de recordarlos para siempre. ¿Quieres saber cómo?

—Sí, sí, quiero saberlo —dijo la pequeña canguro, muy entusiasmada.

—Hablando de él cada vez que lo recordemos, riéndonos de alguna de sus anécdotas graciosas, haciendo un dibujo donde también esté. Uhmmm... ¿Se te ocurre algo más? —preguntó el búho.

—Síí. Mirando una foto suya, jugando a algún juego o actividad que me haya enseñado, visitándolo en el cementerio, escribiéndole un poema, sembrando un árbol en su honor y también haciendo un bizcocho el día de su cumpleaños...

—¡Guau! ¡Qué ideas tan fantásticas! —exclamó el búho—. ¿Te das cuenta de todas las ideas que tenemos guardadas en nuestro corazón para seguir recordando con amor a las personas que amamos y que ya no están? Y debes saber algo más —añadió el búho—: también podemos hacer nuevos amigos, aprender nuevos deportes, ir a cumpleaños y hacer otras cosas. Eso no significa que las hayamos olvidado. Significa que nosotros seguimos celebrando la vida y agradeciendo que estamos vivos. Porque, recuerda, estará para siempre en la cajita especial de tu corazón.

FIN

SEGUNDA PARTE

Abordaje de la muerte y
el duelo en la infancia

1.
GUÍA PARA FAMILIAS Y EDUCADORES PARA HABLAR DE LA MUERTE CON LOS NIÑOS Y ACOMPAÑARLOS EN LOS PRIMEROS DÍAS DE PÉRDIDA

1.1. Antes de leer esta guía

«Poder llorar la muerte de un ser querido adecuadamente y afrontar la pérdida antes de que se produzca, en el momento que ocurre y sobre todo después, hace que el niño/a no pueda sentirse culpable, deprimido, enojado o asustado. Cuando ayudamos a nuestros hijos a curarse del dolor que produce la herida emocional más profunda de todas —la muerte de un ser querido—, los estamos dotando de unas capacidades y una comprensión importantes que les servirán para el resto de sus vidas».

Kroen, 1996.

Mientras lees este párrafo, hay cientos de personas muriendo en el mundo, lo cual significa que hay miles de niños y niñas que, en este momento, están perdiendo a su padre, madre, abuelo, abuela, hermano o algún familiar o amigo cercano. Sí, es difícil de digerir y, sin embargo, es lo que pasa cada día, cada minuto, cada segundo. Y al mismo tiempo, hay un montón de adultos preguntándose: «¿Cómo vamos a darle la noticia al peque? ¿Se lo decimos, o mejor nos quedamos callados? ¿Le decimos que se ha ido de viaje para que no sufra, o le contamos la verdad, pero sin ahondar mucho en ello?».

Esta breve guía tiene el objetivo de ayudarte a abordar el tema de la muerte con tus hijos o estudiantes y a entender cómo vive el niño o la niña la pérdida de un ser querido de acuerdo con la etapa de desarrollo en la que se encuentra, pero sobre todo cómo acompañarlo/a a transitar este dolor desde tu propia presencia y cocreando con la niña o el niño una narrativa que le permita entender lo que está pasando, ayudándolo/a a resignificar así su dolor.

Mi objetivo es brindarte información para que puedas dar respuesta con confianza y seguridad a esas preguntas que suelen surgir alrededor de la muerte: ¿puede entender un niño o una niña lo que es la muerte? ¿Debo llevarlo/a al tanatorio? ¿Cómo le explico lo que es la cremación o el entierro? ¿Debería contarle lo que ha sucedido? Y también entregarte herramientas útiles para ayudarte a acompañarlos en esos primeros días sucesivos a la pérdida.

Es difícil estar atravesando un dolor profundo y, además de ello, tener que lidiar con el dolor de nuestros niños y niñas. Es difícil encontrar las palabras adecuadas porque, probablemente, no crecimos con un modelo de adulto que nos acompañara y validara cuando sufrimos nuestras propias pérdidas. Quizá, cuando tu primera mascota murió, no se habló del asunto, «se pasó página» y a seguir como si nada hubiera pasado. Cuando perdiste tu primer objeto de apego y lloraste, posiblemente te encontraste con un adulto cuya solución más inmediata fue comprarte el mismo peluche o mantita con tal de que no lloraras más. ¿Tenían la intención de hacerte daño? Muy probablemente la respuesta sea «No». De hecho, muchos de ellos relatan que tenían la mejor de las intenciones: «Es muy pequeño, para qué hacerlo sufrir con esto».

De todas las emociones que viven nuestros hijos, creo que la tristeza es una de aquellas que más nos cuesta aprender a acompañar. Nos parte el alma verlos con tanta pena y no poder cambiar la crudeza de la situación, como es el caso de la muerte de una persona a la que amamos.

No hay un ABC que nos diga paso a paso lo que debemos hacer en esos momentos. Cada familia vive sus procesos de formas específicas. Y aun con algo de luz sobre cómo abordar esta situación con nuestros niños y niñas, es muy probable que el dolor del momento pueda llegar a silenciar la brillantez de la teoría.

Esta guía no es una investigación científica y exhaustiva sobre el concepto de «muerte», el duelo infantil y sus repercusiones a nivel psíquico. Es, más bien, un manual concreto, conciso y claro, escrito para adultos que tienen cerca a un niño o una niña quien está atravesando el dolor desgarrador que supone la pérdida de un ser querido. Esta guía la he hecho desde mi vivencia más cercana con la pérdida de mi padre y a partir de mi acompañamiento a cientos de niños y niñas en sus procesos de pérdida y duelo. Pero, sobre todo, desde mis ganas de seguir manteniendo una mirada llena de inclusión, amor y respeto hacia nuestros niños y niñas también en los momentos de duelo, situaciones en las que lastimosamente en algunos contextos aún se les sigue excluyendo precisamente por ser niños y niñas. Contextos en los que aún se les sigue considerando demasiado pequeños para saber lo que ha pasado e incapaces de comprender lo que está ocurriendo.

2.
¿CÓMO ENTIENDEN LOS NIÑOS LA MUERTE DE ACUERDO CON SU EDAD Y QUÉ PODEMOS HACER?

Comprender lo que significa «morir» es un proceso complejo que se va adquiriendo poco a poco y al que se le va otorgando mayor significado a medida que hay una maduración a nivel emocional, lingüístico, cognitivo, social; es decir, el concepto de «muerte» va progresando en tanto que el niño evoluciona y transita cada una de sus etapas de desarrollo. Además de ello, la construcción del concepto de «muerte» depende también de la sensibilización y la forma en que la familia aborde este tema con el niño.

2.1 Comprensión del concepto de «muerte» en los primeros dos años y cómo abordarlo

¿Puede un bebé menor de dos años entender lo que significa «morir»?

La respuesta es «No». Un bebé menor de dos años no tiene una comprensión sobre el significado de la muerte como tal. Sin embargo, que no entienda lo que significa «morir» no quiere decir que no perciba la ausencia del ser querido fallecido, sobre todo cuando la persona que ha muerto es una figura vital para el bebé.

A nivel de desarrollo cognitivo, las investigaciones nos muestran cómo un bebé entre los ocho y los doce meses alcanza un hito que conocemos como «noción de permanencia del objeto». Es decir, el bebé a esta edad tiene la capacidad de representar mentalmente un objeto (persona, juguete, mascota) y entender que, aunque lo deje de ver, dicho objeto sigue existiendo. Antes de esta edad, cuando un bebé percibe que papá o mamá le han dado su biberón y, posteriormente, mamá lo pone en la cuna y la deja de ver a ella y a su biberón, es como si tanto mamá como el biberón se desvanecieran, como si dejaran de existir. Aproximadamente, a los ocho meses el bebé empieza a tener una noción de permanencia del objeto, lo cual significa que, cuando mamá lo pone en la cuna y la deja de ver, puede comprender que ella no deja de existir, sino que está en algún lugar y que no la puede ver. Ante la ansiedad que le produce esta separación de su principal figura de apego, suele protestar a través del llanto como forma de comunicar su angustia y la necesidad vital de volver a ser acunado y consolado por su madre o figura de apego primaria.

En torno a los dos años, ocurre una serie de cambios en el cerebro que dan lugar a que a nivel cognitivo el niño tenga un mayor sentido del yo, en su autonomía y en sus procesos de socialización. Por tanto, en esta etapa el niño se encuentra más sensible a los cambios emocionales que ocurren a nivel familiar, percibe que alguien falta y tiene la posibilidad de notar el sentimiento de tristeza y angustia que viven sus familiares a raíz de la pérdida.

La muerte durante los primeros dos años de vida es una palabra sin significado otorgado cognitivamente, debido a la poca comprensión que el niño tiene respecto al tiempo y el espacio. La muerte en esta etapa es comprendida como ausencia, como falta de la presencia de esa persona con quien el bebé se ha acostumbrado a interactuar.

¿QUÉ HACER ANTE LA PÉRDIDA DE UN SER QUERIDO CON UN NIÑO MENOR DE DOS AÑOS?

✓ Mantener las rutinas establecidas, procurando que los horarios y las actividades del día a día estén presentes.

✓ Brindar atención garantizando al niño la sensación de seguridad y de estar a salvo.

✓ Evitar cambios significativos en el día a día. Por ejemplo, evitar dejar al peque al cuidado de una persona con quien no tiene un vínculo cercano establecido.

✓ Si uno de los cuidadores ha fallecido y era partícipe en la rutina diaria del niño, que otro adulto cercano asuma las actividades que el cuidador llevaba a cabo en la rutina. Por ejemplo, bañarlo, leerle el cuento, acompañarlo mientras se duerme...

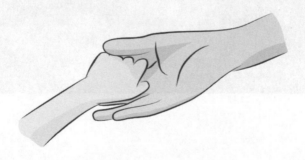

2.2 Comprensión del concepto de «muerte» entre los tres y seis años y cómo abordarlo

La muerte a esta edad no es considerada como el fin del ciclo de la vida, sino como un suceso que se puede revertir.

El pensamiento mágico y egocéntrico caracteriza esta etapa como ninguna otra. Podemos verlo en los cuentos cuando el príncipe despierta a Cenicienta; cuando el cazador tiene la habilidad de sacar a la abuela de Caperucita de la tripa del lobo; cuando Coyote vuelve a levantarse después de ser aplastado por una piedra mientras perseguía al Correcaminos.

El niño o la niña en etapa preescolar aún carece del desarrollo cognitivo necesario que le permita comprender el concepto de «muerte». Si bien es cierto que conocen la diferencia entre estar vivo y estar muerto, su pensamiento mágico y la ausencia aún del concepto de «temporalidad» tiñen la realidad, considerando que, aunque alguien esté muerto, puede volver a revivir en cualquier momento a través de un acto de magia. Por ello es usual que hablen del fallecido en presente: «Mami, ¿y dónde va a comer ahora el abuelito?»; «¿Y allí donde está siente frío?»; «¿Cuándo puedo ir a visitarlo?», o incluso considerar que deben portarse bien, porque la persona fallecida los está mirando desde allí donde está.

Debido a su pensamiento egocéntrico y literal, también es propio de esta edad llegar a considerar que fue él quien de alguna forma pudo generar o propiciar la muerte del ser querido. Es importante escoger nuestras palabras cuando interactuamos con los niños. Frases como «Me vas a matar de un susto»; «Un día de estos vas a hacer que me dé un infarto»; «La tía está muy enferma; si hacéis mucho ruido, se puede poner más malita» son expresiones que jamás deberíamos permitirnos al hablar con ellos.

¿QUÉ HACER ANTE LA PÉRDIDA DE UN SER QUERIDO CON UN NIÑO DE ENTRE TRES Y SEIS AÑOS?

La curiosidad sigue teniendo un gran protagonismo en esta etapa de la vida. Los niños y niñas hacen preguntas constantes con el fin de entender lo que pasa. Por ello suelen preguntarnos: «¿A dónde se ha ido?»; «¿Por qué se ha muerto?»; «¿Tú también te vas a morir?»; «¿Cómo podemos ir hasta donde está para visitarlo?».

Es importante que usemos un lenguaje claro, conciso y concreto para explicar lo ocurrido, teniendo en cuenta que durante esta etapa el pensamiento es literal, es decir, entienden todo tal cual se lo explicamos, con las palabras que usamos. Es por ello que debemos evitar usar frases como «Mira qué bonito se ve, parece dormidito», o «Se ha ido al cielo, desde allí podrá vernos y cuidarnos». Este lenguaje genera mayor confusión en el niño sobre lo ocurrido. Es importante que nuestra explicación incluya la palabra *muerte*, así, sin disfrazarla: «El abuelo ha muerto». Y es bueno considerar también otros eventos que nos permitan hablar de la muerte sin tapujos: «El pajarito del parque está muerto»; «Las flores del jarrón se han muerto».

Debemos estar abiertos a responder con sinceridad cualquier duda que les surja al respecto, recordando ser concretos en nuestra respuesta y evitando en todo momento dar largas explicaciones filosóficas que confundan más al niño.

La ansiedad y el temor por perder a un nuevo ser querido también pueden manifestarse claramente en esta etapa. Ayudar a los niños a sentirse seguros y a salvo es una de las tareas más importantes que debemos brindar en esos momentos. Por ello, para calmar su angustia ante la pregunta «¿Y tú también te vas a morir?», podemos explicarles que sí vamos a morir, pero que haremos todo lo posible para que eso ocurra cuando tengamos muchos años y ellos sean muy grandes. Que durante todos estos años nos aseguraremos de cuidar de ellos y de nosotros para que eso pase dentro de muchos años. Trabajar para que el niño se sienta a salvo y seguro en esos momentos será la prioridad absoluta.

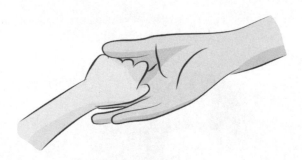

2.3 Comprensión del concepto de «muerte» entre los seis y diez años y qué hacer

Entre los seis y ocho años, los niños y niñas empiezan a tener mayor consciencia sobre el concepto de «muerte». Suelen comprender que, cuando una persona se muere, ya no puede volver a vivir. Entienden que la muerte es irreversible. Sin embargo, el concepto de «universalidad de la muerte» sigue sin ser interiorizado aún. Esto significa que, aunque sepan que, cuando una persona se muere, ya no respira, sus signos vitales han dejado de funcionar y que no la van a volver a ver más nunca, siguen considerando que la muerte es algo lejano a ellos, que solo les ocurre a algunas personas en el mundo y que ellos, papá, mamá y sus familiares más cercanos, son de alguna forma inmortales.

Entre los nueve y los diez años, empieza a haber mayor consciencia sobre la universalidad de la muerte. Se dan cuenta de que la muerte es una realidad que nos toca a todos. Y en la medida que empieza a haber mayor consciencia, aumentan también el miedo y la angustia al pensar que alguno de sus familiares puede morir e incluso que les puede pasar a ellos mismos.

El sentimiento de culpa suele hacerse muy visible a lo largo de esta etapa. Por lo que, aunque el egocentrismo no suele estar tan marcado como cuando estaban entre los tres y seis años, sigue habiendo un sesgo egocéntrico que los puede llevar a pensar que la muerte pudo haber surgido como un castigo por algo que hicieron, que dejaron de hacer o que pudieron haber pensado. Ven la muerte como una amenaza externa que de alguna forma hay que detener y controlar para que no les toque a ellos ni a sus seres más queridos.

No es de extrañar que los veamos más precavidos y temerosos frente a los posibles peligros que vienen de fuera. Lo cual despierta aún más su curiosidad por descubrir lo que se «esconde» detrás de la muerte. Por ello es usual verlos «filosofando» sobre la vida y haciéndonos preguntas que, en ocasiones, pueden alarmarnos o parecernos demasiado elaboradas para niños de su edad:

- «Y si todos nos vamos a morir, entonces, ¿para qué nacemos?».

- «Y cuando nos morimos, ¿se acaba todo?».
- «¿Hay vida después de la muerte?».
- «¿Qué pasa con el cuerpo una vez se muere?».
- «¿Qué seguridad tenemos de que aquí acaba todo?».

Así que, si nos parecía que, entre los tres y seis años, las preguntas eran complejas, durante esta etapa es mejor prepararnos para el aluvión de interrogantes que vamos a recibir.

¿QUÉ HACER ANTE LA PÉRDIDA
DE UN SER QUERIDO CON UN NIÑO
DE ENTRE SEIS Y DIEZ AÑOS?

Entre los seis y diez años, es imprescindible la sintonía con el dolor emocional que experimenta el niño. Acompañarlo y responder pacientemente cada pregunta que le surja será clave. Explicarle la causa de la muerte, lo que la provocó, y atender a todas sus dudas a través de una escucha empática le ayudará a lidiar con el dolor y la conmoción del momento. Brindarle seguridad y la sensación de estar a salvo sigue siendo fundamental en esta época.

Dada su curiosidad por saber más sobre la muerte, suelen mostrar mucho interés por participar en los diferentes ritos de despedida: ir al tanatorio o al cementerio, estar en el funeral, saber en qué consiste la cremación... Si el niño pide ir, debemos permitírselo siempre. Y si no lo menciona, se lo preguntamos: «¿Te gustaría ir al tanatorio?»; «¿Quieres ir al cementerio?»; «¿Te apetece hacer alguna carta de despedida?».

Es fundamental que siempre anticipemos y, antes de ir a cualquier lado, se le explique detalladamente al niño en qué consiste cada ritual, así como explicitarle que estará siempre acompañado y con la libertad de llorar y expresar su dolor. Asegúrate de que tenga la certeza de que estás allí para sostenerlo.

2.4 Comprensión del concepto de «muerte» en el preadolescente (entre diez y doce años)

A lo largo de la preadolescencia, el niño o la niña suele comprender la muerte como los adultos. Hay consciencia sobre la universalidad, irreversibilidad; entienden que la muerte es el fin de la vida y que, además, no la podemos evitar.

Durante esta etapa suelen ser ellos mismos los que piden participar en los rituales de despedida. También suelen tener un lenguaje más rico para expresar las causas de la muerte: «Al abuelo le ha dado un infarto»; «La tía se contagió de COVID y murió por una parada cardiorrespiratoria»; «Mi padre tenía cáncer, y los médicos hicieron lo posible por salvarlo, pero la enfermedad estaba muy avanzada».

Si el niño ha crecido en un hogar con creencias religiosas, puede cuestionar dichas ideas e intentar poner sobre la mesa otras explicaciones respecto al «más allá», mostrar intensa curiosidad sobre la resurrección y posiblemente también sobre la existencia del cielo.

En la preadolescencia, vivir la muerte de un ser querido puede suponer que la rabia se convierta en una de las emociones con mayor «protagonismo». En las otras etapas, también. Sin embargo, en este tramo de edad suele ser más explícita: «No es justo que mi madre haya muerto».

Tener mayor consciencia respecto al carácter universal, definitivo e irreversible de la muerte no significa estar preparado emocionalmente para hacerle frente. Por tanto, uno de los mayores retos de la familia es aprender a sintonizar y acompañar el dolor emocional que atraviesa el niño. Dotándolo de recursos que le permitan poner palabras tanto a su dolor como a la emoción que vive. No obstante, es importante acompañar sin ser intrusivo. Si durante la infancia la aproximación física y emocional por parte del cuidador era fundamental, durante la preadolescencia y adolescencia la necesidad de autonomía suele cobrar mayor relevancia. Es por ello que hablamos de brindar un acompañamiento no intrusivo.

¿QUÉ HACER ANTE LA PÉRDIDA DE UN SER QUERIDO CUANDO TENEMOS UN PREADOLESCENTE?

El acompañamiento emocional en esta etapa sigue siendo clave, y cobra mucha relevancia la capacidad de sintonía del cuidador con el mundo emocional del niño.

Debido a que a esta edad el concepto de «muerte» ya es claro, el dolor de la pérdida puede ser vivido como algo profundamente injusto, y el sentimiento de temor por «lo que vendrá» cobra relevancia: «Y ahora que mamá ha muerto, ¿qué vamos a hacer? ¿Cómo vamos a conseguir los alimentos para poder comer?». Seguir brindando la sensación de seguridad y estar a salvo sigue siendo algo muy importante.

Empatizar con su vivencia a partir de nuestra propia experiencia es fundamental. Puedes hablar de cómo viviste tus primeras pérdidas, qué te ayudó a transitar con el dolor, qué has aprendido ahora que miras «atrás» y recuerdas esos días de duelo. Puedes hacer uso de algunas metáforas para enseñarle que, aunque la muerte nos produce un dolor profundo hasta el punto de llevarnos a sentir que nos rompemos por dentro, aun así podemos volver a retomar nuestra posición inicial, como las palmeras o el caucho. Recuerda: todo esto, en la medida que el niño se muestre receptivo.

Permanecer abiertos a escuchar más que a aconsejar o distraer las emociones que vive el niño es una tarea clave en esta etapa.

Sigue siendo importante responder empáticamente a cada una de las preguntas, muchas de ellas contienen miedo, rabia y mucha tristeza. Muéstrate compasivo y recuerda convertirte en ese adulto que tú deseabas tener cuando tenías su edad.

Los rituales de despedida suelen cobrar mayor relevancia a medida que se tiene más consciencia acerca de la muerte. Por lo que es muy importante permitirle al niño ser partícipe de cada una de las ceremonias llevadas a cabo.

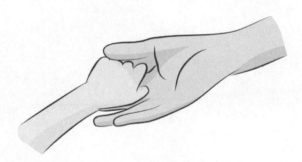

3.
CÓMO EMPEZAR A ABORDAR EL TEMA DE LA MUERTE CON LOS NIÑOS

No tuviste que haber perdido ya a un ser querido para hablar de la muerte con tu hijo, y tampoco tienes que esperar que esto ocurra para empezar a hablar sobre la muerte con él o ella. Si aún no ha fallecido ninguna persona cercana a tu entorno familiar o que forme parte de tu círculo de amistades, puedes empezar a hablar de la muerte partiendo de tu propia experiencia, y también aprovechando las pérdidas diarias que tenemos en nuestra cotidianidad. Esas flores de tu salón que un día estuvieron abiertas, incluso algunas en su vaina, y a los ocho días ya estaban muertas, o ese pajarito que encontrasteis muerto en el parque. También la mariposa que vuela en el patio de tu casa y a los días la ves en el suelo muerta y mojada por la lluvia que ha caído. Las hojas del otoño, un árbol seco, el personaje del cuento que ha muerto, la abuela de la niña de la peli. Tenemos muchas oportunidades y espacios para hablar con nuestros niños y niñas sobre la muerte. Aprovechemos cada uno de esos momentos para hacer preguntas y reflexionar sobre esa mariposa que ya no se mueve, sobre ese pajarito que ya no respira, que no abre los ojos y que ya no siente el frío del invierno o el calor del verano; hablemos sobre esas flores que yacen marchitas en el florero y que, aunque les cambiemos el agua, ya no pueden volver a vivir. Hablemos sobre esa mascota que ha muerto, que, aunque le cantemos, ya no nos escucha y, aunque nos tenga cerca y la acariciemos, ya no nos siente. Invitemos al niño a ser partícipe de un ritual de despedida; por ejemplo, en el caso de la mascota, preguntándole si quiere que la envolvamos en una mantita y la pongamos en una cajita de cartón para poder enterrarla. A algunas personas esto les puede sobrepasar, es válido que te sientas así, no estamos familiarizados con la muerte. Pero, si lo pensamos con detenimiento, esos momentos y esa cotidianidad son propicios para hablar con los niños sobre el dolor de perder a quien amamos y hacerles saber que, si sienten dolor porque su mascota ha muerto, pueden llorar; que, cuando perdemos algo o a alguien importante, es normal que nos sintamos tristes, y que, sobre todo, estamos allí para sostener su tristeza.

3.1 Habla sobre tus propias preguntas acerca de la muerte y sobre las emociones que viviste cuando eras niño y perdiste a un ser querido

Así es, todo empieza por nosotros, como muchas cosas en la crianza. Somos sus entrenadores de vida y, de alguna forma, los estamos preparando para que «jueguen sus noventa minutos» preparados de la mejor forma.

Como ya mencionamos arriba, es importante que revisemos nuestras propias creencias e ideas construidas sobre la muerte. Queremos ayudar a nuestros hijos a entender y normalizar la realidad de la muerte como parte de la vida. Estoy segura de que no quieres transmitir a tu hijo tus propios miedos e ideas limitantes acerca de tu vivencia sobre la muerte. Cuanta más claridad tengas sobre las emociones y sentimientos que bullen en tu interior cuando hablas sobre la muerte y el porqué de ello, más empoderado/a estarás para ayudar a tu hijo o hija a que su visión y su narrativa al respecto sean coherentes y llenas de sentido.

3.2 Diez preguntas para revisar tu propia experiencia e ideas frente a la muerte

Helen Fitzgerald, en su libro *The Grieving Child. A Parent's Guide*[1], menciona algunas preguntas que pueden ayudarte a que revises tu propia vivencia actual. Te las expongo aquí adaptándolas a lo que quiero transmitirte:

1. ¿Recuerdas cuál fue tu primera experiencia con la muerte?
2. ¿Qué habías aprendido hasta ese momento sobre la muerte?
3. ¿Cómo te sentiste con lo sucedido?
4. ¿Intentaron tus padres o tus familiares protegerte ocultándote lo ocurrido?
5. ¿Te prepararon para tu primera experiencia de lo que te encontrarías en un funeral?
6. ¿Intentaban distraerte o invalidar tus emociones diciéndote que no lloraras?
7. ¿Te consolaron y te acompañaron, o tuviste que lidiar sola/o con tu propio dolor?
8. ¿Te obligaron a hacer cosas para las que no estabas preparado, como, por ejemplo, dar un beso al fallecido?
9. ¿Cómo te influyeron las creencias religiosas de tu familia acerca de la muerte? ¿Piensas lo mismo actualmente?

---

1 Fitzgerald, H. (1992). *The grieving child*. Touchstone.

10. ¿Cuáles eran las supersticiones que tenías con respecto a la muerte durante aquella época de tu vida?

Cuando era pequeña, me enseñaron que, si una persona soñaba con que alguien se casaba, era porque seguro que íbamos a perder a un ser querido. Recuerdo que durante varias noches luchaba intentando no dormirme para no soñar con eso; sentía un miedo terrorífico cuando notaba que mis ojos empezaban a cerrarse. ¡No me quería dormir! Tenía pesadillas horribles al respecto. ¿Y qué crees? ¡Soñaba con que alguien se casaba! ¿Puedes imaginarte el miedo intenso que abarcaba mi pequeño cuerpo? Durante muchos, muchísimos años, lloraba cada día cuando mi padre salía a su lugar de trabajo, o cuando mi madre salía de casa. No tuve un adulto consciente que le pusiera palabras a ese terror que estaba experimentando. Solo sabía que no quería irme a dormir sin tener a mis padres a mi lado.

La primera vez que experimenté la muerte de un ser querido fue cuando murió una tía materna. Murió de una enfermedad que hasta el día de hoy no se sabe exactamente de qué fue. A mí me dijeron que de cáncer en los pulmones. Con diez años no sabía qué era cáncer ni por qué le dio. Solo escuchaba a mis adultos cercanos decir que ella fumaba mucho y por eso había muerto. En aquel entonces, mi madre también fumaba, y, como no podía ser de otra forma, el miedo se apoderó de mí: «Si mi tía se murió por fumar, ¿eso quiere decir que mi madre también se morirá?».

La segunda muerte cercana que recuerdo haber vivido y, sobre todo, que lloré profundamente fue la del padre de mi mejor amiga. Murió a raíz de un accidente de tráfico a los diez días de haber ocurrido.

Este proceso de muerte y duelo lo viví diferente; mi madre estuvo muy presente, lloró conmigo y me consoló todo lo que necesité. Fue muy reconfortante para mí sentir que un adulto, mi persona favorita, sostenía mi dolor y que, de alguna forma, mis pensamientos se convertían en los suyos también cuando me decía: «Te entiendo, duele mucho. Llora, que estoy aquí contigo».

Mi madre no sabía que ese encuentro tan doloroso que yo estaba experimentando y el poder de su presencia y amor incondicional estaban siendo los andamios que me prepararían para el resto de las pérdidas que seguiría experimentando los años siguientes de mi vida.

Hoy por hoy, cuando hablo con mis hijos acerca de la muerte, les hablo sobre mis propios miedos experimentados cuando era niña, sobre esas preguntas que tenía y que nadie sabía responderme. Les cuento que mis miedos eran precisamente por eso, porque no tenía respuestas, porque no sabía lo que significaba «morir» y, sobre todo, porque pensaba que nuestros propios sueños y pensamientos podían hacer que una persona pudiera morir o no. Y también les cuento que, cuando Mimi, su abuela, me acompañó y me ayudó a entender mi dolor, entonces fui aprendiendo que la muerte nos ocurre a todos; que, cuando un ser querido muere, duele mucho, y que, si podemos llorar acompañados por alguien que nos ama, ese dolor empieza a doler de otra forma, duele por la persona que hemos perdido, y sanamos porque seguimos teniendo personas alrededor que nos aman y brindan seguridad.

Revisar nuestra propia concepción sobre la muerte y nuestras propias vivencias nos ayuda a entender por qué hemos construido tantos tabúes alrededor de la muerte y por qué nos cuesta sostener nuestras propias emociones y las de nuestros niños frente a este tema.

4.
PREGUNTAS FRECUENTES QUE SUELEN HACER LOS NIÑOS FRENTE A LA MUERTE Y ALGUNAS IDEAS PARA ABORDARLAS

4.1 ¿Por qué se mueren las personas?

Esta es una de las cosas más difíciles de entender, y más aún cuando el que muere es una persona a la que amamos. Sin embargo, cuando miramos a nuestro alrededor, nos podemos dar cuenta de que la muerte es tan real como la vida. Una de las formas en las que podemos acercar a los niños al concepto de «muerte» y normalizarlo es a través de lo cotidiano. Por ejemplo: «¿Recuerdas las últimas flores que tuvimos en casa? Al principio estaban muy abiertas, coloridas, y sus pétalos, muy suaves. Y, sin embargo, al pasar los días, has podido ir viendo cómo se iban marchitando, perdiendo el color y arrugándose poco a poco. Así mismo ocurre con todos los seres vivos: con los bichitos, con nuestras mascotas, con los árboles y también con las personas que amamos. ¡La muerte nos ocurre a todos!».

4.2 ¿Y cuándo ocurre?

«Verás, esto también es muy diferente para todos. No hay una edad a la que llegamos y nos morimos. Hay personas que viven noventa años, y otros incluso llegan a cien años. ¡Eso equivale a un siglo! Viven tantos años que al final cada parte de su cuerpo se va desgastando, sus pulmones, sus ojos, los huesos de sus piernas y brazos, hasta que al final su corazón también se cansa y deja de palpitar.

»Pero, otras veces, las personas mueren dentro de la tripita de mamá porque algunos tienen alguna enfermedad y no tienen fuerzas para seguir creciendo, y otros niños y niñas, en cambio, sí nacen, pero, después de unas pocas horas o días de haber nacido, se mueren.

»A veces, las personas mueren después de una larga enfermedad, por eso es normal que escuches a sus familiares decir que ya está descansando, porque ya no siente dolor. Pero también hay otras personas que mueren de repente; por ejemplo, en un accidente de coche. Ellos no estaban enfermos y nadie se imaginaba que podían morirse. Cuando las personas mueren así, suele ser muy difícil para todos entenderlo, porque es algo que pilla a todos de sorpresa y sin esperarlo.

»Pero ¿sabes qué? La mayoría de las personas mueren cuando ya son muy viejitas. Muchos niños, niñas, papás y mamás vivimos muchos años, y, aunque a veces nos enfermamos, los médicos nos ayudan, y nosotros nos encargamos de hacer todo lo que nos digan para recuperarnos muy pronto».

En este último punto es importante que hablemos desde un lenguaje que aporte seguridad al niño. Si bien es cierto que no tenemos control sobre nuestra vida, ofrecerle al niño una narrativa en la que expresamos que estamos a cargo y que, ante situaciones difíciles, nos responsabilizamos desde nuestros propios recursos es una forma de ofrecerle seguridad, y su sistema nervioso lo agradecerá.

4.3 ¿Cómo sé que alguien se ha muerto y que no está dormido?

«Cuando las personas se mueren, eso significa que su corazón ya no sigue palpitando, y todo su cuerpo deja de funcionar. Es parecido a lo que pasa con tus juguetes que llevan pilas: estas se van desgastando hasta que un día se acaban completamente, y ya el juguete no funciona. Sin embargo, algunas veces a los juguetes les podemos cambiar las pilas y vuelven a activarse, pero con las personas no pasa lo mismo. Por eso, cuando alguien muere, nos damos cuenta de que no está dormido porque ya no puede escuchar, ni ver, ni oler, ni hablar, y tampoco siente frío o calor. Todo su cuerpo deja de funcionar».

4.4 Y los que no nos morimos, ¿cómo nos sentimos cuando se muere un familiar o alguien muy cercano?

«Cuando alguien a quien queremos muere, es normal que sintamos muchas emociones al mismo tiempo. Normalmente, las personas sentimos tristeza y lloramos, pero también podríamos sentir rabia, porque nos cuesta pensar que ya no lo veremos más. Y por eso a veces preferimos pensar que se ha ido de viaje, pero no es así. Y aunque a veces es difícil hablar sobre la muerte de los que amamos, nos ayuda mucho ponerle palabras a todo ese dolor o rabia que sentimos dentro. Tú tienes derecho de pedir ayuda, y además hay muchas personas a tu alrededor con muchas ganas de poder escucharte y ayudarte. Por ejemplo, mamá, papá o un familiar o amigo que te quiere mucho y quiere ayudarte a que, poco a poco, te vayas sintiendo mejor».

4.5 ¿Y cómo nos despedimos o decimos adiós a los que amamos?

«Cada persona decide hacerlo de una forma diferente, cada una lo hace como mejor le ayude a sentirse. Ese es un momento muy íntimo en el que es importante que respetemos la decisión de cada uno. Por ejemplo, a algunos les gusta ir al tanatorio, allí los familiares y amigos hacen una ceremonia muy especial. Algunos hacen oraciones; otros llevan poemas, y otros llegan para abrazar y darles mucho amor a los familiares que han perdido a ese ser querido. Pero hay otras personas que prefieren quedarse en casa y deciden, por ejemplo, hacer una carta llena de muchos besos y abrazos y mandarla hasta el tanatorio. Si tú no sabes si ir o no ir al tanatorio, podrías preguntarle a mamá o a papá, y ellos te ayudarán a tomar la decisión».

5.
CÓMO CONTARLE A UN NIÑO QUE UN SER QUERIDO HA MUERTO

Dar la noticia de la muerte no es fácil, y tampoco es igual contárselo a un niño de cinco años que a una niña de doce. Como ya hemos visto, el concepto de «muerte» es diferente en cada etapa, por lo que nuestras palabras y explicación dependerán en gran parte del nivel de comprensión y capacidad lingüística del niño. No obstante, hay algunos elementos comunes que debemos de tener en cuenta, independientemente de la edad que tenga el niño.

La noticia debe ser dada por las figuras de apego primarias del menor. No debemos delegar esta labor en una persona ajena o en alguien con quien el niño no tenga establecido un vínculo cercano. El único momento en el que no es posible que esta tarea la hagan papá, mamá o el cuidador primario del niño es cuando uno de ellos (o todos) es quien ha fallecido.

La noticia debe contarse con la mayor brevedad posible, no a los días ni cuando ya se han celebrado todos los rituales de despedida. Es importante que el niño siempre esté acompañado y que, cuando se informe del fallecimiento, el adulto responsable pueda sostener y acompañar afectuosamente el dolor emocional del niño, así como cualquier reacción emocional que manifieste o pregunta que quiera formular.

5.1 Cinco puntos claves para dar la noticia

1. A los niños y niñas nunca debemos ocultarles la muerte de un ser querido. No importa si el niño o la niña tiene dos años o seis. Necesita que se le diga la verdad siempre. Esto incluye responder a las preguntas que le surjan y también aprender a decir «No lo sé» si no conocemos la respuesta. Esto es más respetuoso que mentir o desviar la conversación.

2. Debemos ofrecerle una narrativa coherente de lo vivido. Asegúrate de que tu narrativa incluya cuatro pilares fundamentales para ayudarle y empoderarlo. Estos cuatro pilares que aprendí de Begoña Aznárez, mi maestra en Psicoterapia Breve, son sensaciones, emociones, pensamientos y acciones: «Cariño, nos acaban de llamar del hospital para decirnos que el abuelo ha muerto. Es normal que sientas un nudo en la garganta y que tu corazón palpite más fuerte y deprisa (sensaciones). Esto lo sientes porque estás triste (emoción), y es posible que pienses que no era el momento de que el abuelito muriera (pensamientos). Si quieres llorar, hazlo (acción). Conmigo estás seguro/a». Cerramos con esta frase, con el objetivo de que el niño o la niña sienta que tiene una base segura sobre la cual apoyarse.

3. Evitar ideas vagas que no den claridad al niño o la niña de lo que realmente ha ocurrido. En lugar de utilizar frases como «El abuelito se ha ido de viaje», o «No está muerto, solo duerme», decir otras como las que aparecen en esta conversación:

—Al abuelito le ha dado un infarto. Eso quiere decir que su corazón ha dejado de latir y que sus ojos se han cerrado para siempre porque ya no está vivo.

—¿Y va a venir a visitarnos?

—No, cariño, ya no podrá venir a casa a visitarnos.

4. Acompañar cualquier emoción que el niño o la niña sienta, evitando distraer o interrumpir la experiencia. Por ejemplo, sustituir frases como «No llores, mi vida. Al abuelito no le gustaría verte así»; «Venga, no estés triste, vamos a comernos un helado», o «¿Por qué no lloras, cariño? ¿No echas de menos al abuelo?», por esta otra solución: «Yo también estoy triste. Queremos mucho al abuelito y lo echáremos mucho de menos. Estamos juntos en esto, cariño, y lo superaremos».

5. Acompañar el proceso de duelo con literatura infantil. Organizamos nuestra realidad a través de historias, y la forma de darle sentido a lo que vivimos es a través de las palabras y de aquello que nos contamos. El pensamiento infantil es mágico, y es precisamente esa magia de los personajes de un cuento la que le permite al niño identificarse con el personaje de dicho cuento y transitar de esta forma una realidad, aunque dura, sintiéndose acompañado.

6.
PRIMERAS DUDAS DEL ADULTO EN LAS HORAS SUCESIVAS A LA MUERTE

6.1 ¿Puede ir el niño al tanatorio, al cementerio, y participar en el entierro?

Esta es una de las dudas que más surgen cuando perdemos a un ser amado y tenemos niños que están viviendo también esta pérdida: «¿Debería llevarlo al funeral? ¿Y si esto afecta a su salud mental?». Quizá, para muchos de nosotros es así porque, cuando fuimos niños y murió alguien a quien amábamos, no nos dejaron participar en los diferentes rituales de despedida. En lugar de ello, y con toda la buena intención, nos mandaban a casa de algún familiar o amigo cercano para evitar la experiencia de que los viéramos llorar a ellos y a todos los que conocían a la persona que había fallecido. Evitar que estuviéramos allí significaba, al mismo tiempo, distraernos por un rato, quizá viendo televisión o jugando como si nada estuviera pasando.

El dolor causado por la muerte de un ser querido, y más aún cuando hablamos del sufrimiento de un niño o niña como seres dependientes, vulne-

71

rables y en pleno proceso de construcción, solo se puede sanar a través del contacto consolador de las personas significativas en su vida. Permitirles participar en los rituales de despedida es, al mismo tiempo, brindarles el mensaje de que, en medio del dolor, podemos permanecer unidos, conectados, y atravesar juntos la tormenta.

El funeral es el espacio en el que los dolientes lloramos y nos consolamos juntos. Es el momento en que validamos la tristeza y las lágrimas de todos los que estamos allí. Es un espacio de apoyo mutuo en el que, desde mi propia experiencia personal y profesional acompañando procesos de duelo, considero que debemos permitir que nuestros niños y niñas participen, siempre y cuando así lo deseen, y, por supuesto, después de haberles anticipado qué es un funeral, para qué se hace y qué se encontrarán allí.

La anticipación es una gran aliada en la crianza. Ayuda a los niños a sentir que tienen cierto control sobre la situación al tener una imagen mental de aquello que van a hacer y encontrar en los diferentes momentos. La anticipación es clave porque reduce la angustia provocada por la incertidumbre. Y la incertidumbre en un cerebro en desarrollo, caracterizado por ser egocéntrico, literal, regido por el principio del placer y por pensamientos mágicos, no debe dejarse nunca a la deriva.

Lo primero que debes hacer antes de preguntarle al niño si quiere ir al funeral es explicarle qué es. No hay palabras exactas ni un modo idóneo para hacerlo. En este caso, voy a compartir contigo cómo lo he hecho yo, apoyándome en lo que he aprendido durante años a través de la teoría y la experiencia.

—Cariño, te voy a decir todo lo que vamos a hacer mañana por la tarde. Ya te hemos contado que la abuela ha muerto, y que eso significa que ya no respira, que no puede vernos y que tampoco puede escucharnos. Ya no siente frío ni calor, y tampoco miedo, ni rabia, ni tristeza, ni ninguna emoción. Sin embargo, su cuerpo ahora mismo está en el hospital con los médicos, y debemos llevarlo a un lugar que se llama «cementerio».

—¿Qué es un cementerio?

—Es el lugar donde se guardan los cuerpos de todas las personas que se mueren.

—¿Y cómo vamos a llevar a la abuela hasta allí?

—Lo primero que van a hacer los médicos mañana es llevar el cuerpo de tu abuela a un lugar que se llama «tanatorio».

—¿Qué es un tanatorio?

—El tanatorio es el lugar donde nos reunimos los familiares y los amigos de las personas que se mueren. Antes de que lleguemos nosotros, hay unas personas en el tanatorio que se encargarán de meter el cuerpo de la abuela en una caja de madera, a esa caja la llamamos «ataúd», y suele tener un cristal encima para que las personas que quieran puedan ver el cuerpo de la abuela.

—¿Y qué se hace en el tanatorio?

—Bueno, allí estamos en una salita las personas que conocimos y queremos a la abuela. Vas a ver muchas flores, porque, cuando alguien se muere, ponemos flores, velas, y algunas personas también hacen cartas o dibujos para despedir al que se ha muerto, aunque ya no pueda ver ni escuchar. En los tanatorios, también las personas lloran, hablan bajito, nos dicen palabras que nos ayudan a sentirnos mejor, y casi todos hablan de la persona que ha muerto, recordando todo lo que hacía cuando estaba viva. Algunos van a decirte que quieren darte un abrazo; tú puedes decidir si quieres abrazar o no. O si, en lugar de un abrazo, prefieres decir «Hola» y ya está. ¿Recuerdas que te dije que la abuela estará en una caja que se llama «ataúd»? Aunque la vas a ver allí encerrada, ella no estará agobiada, porque ya no respira, ni siente hambre, ni calor.

Después de explicarle al peque qué es un tanatorio, lo que se hace allí y lo que se encontrará, podemos preguntarle si le apetece ir. Generalmente, suelen decir que sí después de haberles explicado detalladamente en qué consiste ese ritual. No obstante, si el peque dice que no, respetamos su decisión y, si vemos oportuno, le preguntamos por qué; si es porque necesita mayores detalles, entonces respondemos a las posibles dudas que tenga. Algunas veces tendremos respuestas a sus cuestiones, y otras veces debemos admitir que no sabemos. Asegurémonos de dejarles claro que, aunque no tenemos todas las respuestas a sus preguntas, estamos con ellos en esto.

Si el peque dice que quiere ir, como ocurre la mayor parte de las veces, entonces podemos preguntarle si quiere llevar algunas flores, un dibujo o lo que le apetezca para despedirse del ser amado. Recuérdale que siempre va a estar contigo o con ese otro adulto significativo para él, en caso de que sientas que debes ausentarte un momento. Nunca lo dejes solo, necesita la compañía de un adulto presente.

Otra de las cosas que debemos recordarle al niño es el hecho de que, si siente ganas de llorar, puede hacerlo con libertad, o que, si siente ganas de volver a casa cuando esté en el tanatorio, también puede pedirlo. De hecho, en ese mismo momento en el que le recordamos que puede llorar, también le dejamos saber que todos estamos tristes y que también va a haber momentos en los que nos va a ver llorando. Así pues, si tú eres su madre o padre y llega ese momento en que sientes la necesidad intensa de llorar, no tienes que reprimir tu llanto; de hecho, anticiparle a tu peque que ese momento va a llegar puede incluso ser una oportunidad para hablar sobre qué pueden hacer en ese momento. Por ejemplo, darse un abrazo mutuamente, tomar juntos un vasito de agua o llevar pañuelos para secarse las lágrimas.

A partir de entonces, puedes abordar el tema del entierro.

6.2 Cómo explicar lo que es un entierro

Podemos explicarle al peque que, después del tanatorio, el cuerpo no se puede quedar allí para siempre, sino que necesita llevarse a un lugar donde se guardan los cuerpos de todas las personas que se mueren. Ese lugar se llama «cementerio». Un coche lleva el ataúd desde el tanatorio hasta el cementerio. Allí hay como «pequeñas casitas», cada una con su nombre. En algunas de esas «casitas» hay que cavar en la tierra primero para meter el ataúd y luego volverlo a tapar con tierra, y hay otras casitas en las que ya hay un hueco, que se llama «nicho», en el que se guardan cada uno de los cuerpos. Puedes explicarle que el entierro es otro momento en el que estamos juntas las personas que conocíamos al ser amado, y que allí se le pueden dejar las flores, los dibujos o lo que sea que se haya llevado para despedirlo.

Le puedes explicar también que, si lo desea, puede volver al cementerio, que a veces eso nos ayuda a sentir que estamos cerca de la persona que se ha ido, aunque ya no nos pueda ver, ni nosotros a él o ella.

6.3 Cómo explicar la cremación

Puedes explicarle que hay personas que no quieren enterrar a sus seres queridos, sino cremarlos. Eso significa que el cuerpo, que ya no siente nada, ni calor, ni dolor, ni miedo, porque está muerto, lo meten en un cuarto que se llama «crematorio». Ese lugar está muy caliente, y solo meten a las personas que se han muerto. El calor del crematorio hace que el cuerpo se convierta en un polvo que se llama «ceniza». Esas cenizas, luego, las entregan a la familia, y ellos deciden si quieren llevar esas cenizas a una iglesia para guardarlas en un lugar que se llama «osario», o si quieren enterrarlas o llevarlas al mar.

7.
LA EXPERIENCIA DEL
DUELO EN LA INFANCIA

7.1 Los niños y el duelo

Empecemos comprendiendo qué es el duelo. ¿Tú qué entiendes por «duelo»?

John Bowlby, creador de la teoría del apego, define el «duelo» como una serie de procesos psicológicos que se ponen en marcha debido a la pérdida de una persona amada, cualquiera que sea su resultado.[2]

A decir verdad, no hay una única definición sobre el duelo. Pero, en términos generales, el duelo es el proceso natural de adaptación a la pérdida. Lo cual lleva implícitas muchas cosas; entre ellas, negación, estrés, protesta emocional, pérdida de ideales, sensación de estar desamparado y desprotegido, rabia, miedo y, por supuesto, la necesidad de resignificar el conflicto producido entre los ideales que traías y que se han desmoronado con los nuevos esquemas que tienes por delante desde que sufriste la pér-

---

2   Bowlby, J. (1989). *Una base segura: aplicaciones clínicas de la teoría del apego.* Barcelona: Paidós Ibérica.

dida. El duelo es un proceso emocional y natural muy dinámico, y no estático, que no solo implica dolor emocional, sino también dolor físico, un aturdimiento cognitivo, un proceso largo en el que, en ocasiones, la persona siente que la tristeza se ha ido para siempre y, en otros momentos, vuelve a sentir que no es así, que la tristeza por la ausencia de ese ser amado continúa dejando huella internamente.

Dicho todo esto, ¿es posible que un niño o una niña atraviese el duelo por la muerte de un ser querido? La respuesta es un sí rotundo.

Los niños, igual que los adolescentes y los adultos, pueden vivir internamente la pérdida de un ser querido como una experiencia de alto impacto emocional. La diferencia está en que, cuanto más pequeño se es, se vive con mayor intensidad dicha pérdida, dadas las pocas estrategias de afrontamiento con que cuenta el niño y el momento de extrema vulnerabilidad como es la infancia.

Además de ello, otro factor que influye en el impacto emocional que produce la muerte de un ser querido en este período es el vínculo que el niño tenía establecido con la persona fallecida. Cuando una persona muere o cuando sufrimos algún tipo de pérdida, no perdemos únicamente a la persona fallecida; lo que se rompe y produce dolor profundo es el vínculo que teníamos construido con el fallecido.

Todo duelo supone una pérdida, y toda pérdida trae consigo dolor.

No solo perdemos objetos externos, entiéndase «objeto» en el más amplio sentido de la palabra: la muerte de una mascota, el fallecimiento de un ser querido, perder aquel juguete de apego o esa bufanda tan valiosa que nos dio la abuela. También perdemos objetos internos: el ideal de familia que creamos, los planes que se habían soñado, las expectativas que habíamos trazado, lo que anhelamos, lo que idealizamos.

Cuando un niño pierde a su padre, madre o a un familiar muy cercano, el vínculo establecido con ese cuidador suele determinar el impacto emocional de la pérdida.

Imagina que la persona que ha fallecido es tu pareja, el padre de tu hijo. En tu caso, tú has perdido a tu compañero de vida y, posiblemente, a la persona con la que habías planeado tu vida a largo plazo. Su ausencia supone para ti un dolor muy profundo. Sin embargo, en el caso de tu hijo, no solo ha perdido a su padre, sino que con él se ha ido, además, uno de sus principales proveedores de protección, apoyo y seguridad. Un niño o una niña no solo pierde a papá o mamá, también pierde a su principal referencia de lo que significa vivir la vida con confianza, seguridad y coraje.

Emociones y sentimientos como la rabia, la tristeza, la impotencia, la frustración, la culpa suelen estar muy presentes en un proceso de duelo, sobre todo en las tres primeras fases del duelo (aturdimiento, añoranza, desesperanza). Todas estas reacciones surgen como respuestas adaptativas a lo que será la nueva realidad del niño, adolescente o adulto que ha sufrido la pérdida, con el fin de poder transitar cada una de esas fases hasta llegar al proceso de aceptación y reorganización. Esto que suena tan fácil en el papel y para lo cual estamos preparados (aprender a vincularnos y desvincularnos) no resulta así de sencillo en el día a día, y menos para un niño cuyo andamiaje y concepto sobre sí mismo y el mundo que lo rodea están apenas en construcción. Es una tarea tan compleja como dolorosa.

Hablar de fases del duelo no necesariamente implica un orden sucesivo y una temporalidad específica en cada una de ellas. El duelo, como hemos dicho, es dinámico, es un proceso personal, único. No es lo mismo el caso de una niña que ha perdido a su abuelo con diez años que el de su primo, que también sufre la misma pérdida, pero tiene treinta años. Es diferente el duelo de una madre que ha perdido a su hija que el de una hija que ha perdido a su madre. Es diferente el duelo de una mujer que ha perdido a su marido que el de su propio hijo que ha perdido a su padre, y el de la suegra que ha perdido a su hijo. ¡Todos los duelos son diferentes y transitan de forma diferente también!

La buena noticia, en medio de todo el dolor, luto, lucha interna, incertidumbre y tristeza que produce la pérdida de un ser querido, es que, así como el adulto puede superar los diferentes retos que trae consigo transitar un proceso de duelo, los niños y niñas también pueden conseguirlo.

René Spitz, presidente de la Sociedad Española de Psicoanálisis, fue uno de los primeros en plantear que la pérdida de un ser querido en la infancia, específicamente de la madre, no significaba vivir infelizmente toda la vida, siempre y cuando se contara con el apoyo de figuras sustitutas que tuvieran la capacidad, desde luego, de cubrir las necesidades del niño en todos los planos, mayoritariamente en el plano afectivo y emocional.

Un duelo infantil que ha sido acompañado, procesado, sostenido, permitiéndole al niño transitar por cada fase, con todo lo que ello conlleva, ayudará a ese niño a presentar menos complicaciones en lo que a salud mental y física se refiere, tanto en su infancia como en su vida adulta. Sin embargo, si no le brindamos al niño la posibilidad de poder llorar su dolor, de hablar de ello, pensar en ello, de validar su rabia, de ponerle nombre a su experiencia y de resignificar su vida a partir de la pérdida, la posibilidad de que ese niño o esa niña manifieste malestar emocional en su vida adulta es bastante alto.

Los niños tienen derecho a vivir su duelo, a sentirse vistos y acogidos en su sufrimiento. Los adultos no podemos hacer caso omiso a su malestar, no podemos pasar página y hacer como si nada pasara. Tenemos la responsabilidad de educarnos e informarnos para brindarles seguridad, protección, atención, compasión, confianza y amor, mucho amor.

7.2 La necesidad de hablar sin tabúes sobre la muerte

Cada día sufrimos pérdidas. Empieza un día y se acaba; sale el sol y se oculta; empieza el verano y termina con el frío otoñal. Si lo piensas detenidamente, cada día que pasa es un día menos en nuestra vida. Y sé que podemos también pensar que es pesimista reflexionar en ello y que es mejor pensar que es un día más de sabiduría y ganancia. Y te doy la razón en que podemos escoger pensar en ello también, pero sin dejar de ver el otro lado, que la vida empieza y también termina. Las vacaciones empiezan y se acaban; disfrutamos de una preciosa tarde soleada en el parque y luego debemos volver a casa. De igual forma, la muerte es el fin natural de la vida. Acercar esta realidad a nuestros niños y niñas desde pequeños los preparará no para no sufrir y llorar la pérdida, sino para atravesarla, entendiendo lo que significa «perder».

Hablar de muerte es mirar de cerca el miedo y la tristeza que nos produce, dos grandes emociones básicas con muy mala prensa y a las que por años se nos ha exigido silenciar. Hablar de muerte es contemplar la posibilidad de que, en algún momento, uno de los que amamos se irá, o tener que recordar que alguien a quien amamos ya se fue. Hablar de muerte es contemplar también la posibilidad de que llegará el momento en que sean otros los que nos recordarán con nostalgia y nos llorarán.

Begoña Aznárez, autora de varios libros, entre ellos *Psicoterapia breve con niños y adolescentes*[3], es una de mis principales referentes y maestra en mi viaje por el apasionante mundo de la psicoterapia. De ella aprendí algo que recuerdo cada vez que hablo de duelo y trauma, y es que, en medio del sufrimiento, tenemos dos opciones: atravesar la tormenta, o vivir atormentados. Y cuando acompañamos a niños y niñas, seguimos teniendo estas dos opciones: acompañarlos a atravesar la tormenta, o condenarlos a que vivan atormentados.

7.3 ¿Por qué nos cuesta tanto hablar sobre la muerte con nuestros niños y niñas?

Aunque la muerte es una realidad que nos va a tocar vivir a todos, seguimos eludiéndola como si de una extraña se tratara. Desde el momento en que un niño nace, existe la posibilidad de que muera,

---

3   Aznárez, B. (2020). *Psicoterapia breve con niños y adolescentes. El arte de entender, manejar, disfrutar y transformar la relación padres-hijos en terapia.* Barcelona: Editorial Marcombo.

y aun así insistimos en disociar toda información acerca de la muerte.

Nos cuesta hablar de la muerte porque nos produce miedo, incertidumbre, impotencia, desilusión; no nos han enseñado a sostener las emociones que de ella se desprenden, y mucho menos a ponerle palabras, a escuchar cuál es el mensaje que nos trae el sentirnos vulnerables. Nuestra propia mirada hacia la muerte está llena de prejuicios y preguntas sin resolver, y es quizá esta la primera razón por la que decidimos quedarnos callados y no hablar con nuestros niños acerca de esta última parte de la vida.

Toda esta impotencia contenida y la ausencia de tener nosotros mismos una narrativa completa, eficaz, integrada que nos permita hablar abiertamente sobre la muerte justifican nuestras propias ideas y creencias erróneas sobre por qué es preferible callarnos y silenciarnos.

—Mami, mi amiguita Lucía me ha dicho que su yaya está enferma y que se va a morir. Mi tía también está enferma, ¿eso significa que se va a morir?

—No, hija. No digas esas cosas, que tu tía tiene un simple dolor de cabeza, pero no le va a pasar nada malo.

—Papi, hoy mi profe nos ha dicho que Mateo no ha venido a clase porque su padre ha muerto. Tengo miedo de que te pase lo mismo a ti. ¿Te vas a morir tú también?

—Hijo, no pienses en esas cosas. Mejor, vamos al parque y nos comemos un helado.

—Cariño, me ha dicho Ana que su profe les ha contado que se va de viaje porque su padre ha muerto. ¿No te parece de muy mal gusto que alarme a los niños hablándoles sobre eso?

—¡Claro que sí! Mañana vamos a Dirección. Esto no lo podemos permitir.

7.4 ¡Si le hablo sobre la muerte, se puede traumatizar!

Otra de las razones por las que nos cuesta hablar sobre la muerte con los niños es porque nuestro deseo más genuino como cuidadores es protegerlos: «¡Si le hablo sobre la muerte, lo puedo traumatizar!».

Creemos que nuestros niños y niñas nunca han escuchado nada sobre la muerte, y olvidamos que la naturaleza por sí misma ya evidencia hasta dónde llega la vida. Olvidamos que el juego es la forma en la que el niño da sentido a su realidad y que la muerte ya está también incluida en sus relatos. Desconocemos que la curiosidad es una de las emociones primarias de los seres humanos y que, de la misma forma que un peque se pregunta cómo se hacen los bebés, también se pregunta por qué el pajarito estaba tirado en el parque sin respirar.

Erróneamente hemos creído que lo que traumatiza a pequeños y adultos es exclusivamente lo que pasa: el terremoto, el tsunami, la muerte repentina de papá. Y olvidamos que el trauma nos afecta precisamente por aquello que no pasó, por lo que se silenció, por lo que se ocultó, por lo que se negó.

Según Begoña Aznárez (2021)[4], hay tres tareas que debemos llevar a cabo para que una experiencia traumática pueda procesarse de forma idónea; esto es, «hablar de ello, pensar en ello y soñar con ello». Sin embargo, nuestro entorno suele pedirnos que hagamos todo lo contrario cuando perdemos a un ser querido, o cuando estamos ante una situación de alto impacto emocional: «Mejor no decirle nada, para que no se traumatice»; «No pienses más en ello, pasa página y déjalo descansar en paz».

Este silencio y esta demanda de eludir todo aquello que tenga que ver con la muerte generan en el niño mayor inquietud y posibilidad de tener pesadillas y presentar síntomas (mayor irritabilidad, pérdida de apetito, insomnio, ansiedad), lo cual suele ser un «SOS», un llamado de ayuda respecto a la necesidad de poder procesar la pérdida poniendo palabras a su dolor, a su enfado y a la incertidumbre que le genera no entender con exactitud qué es lo que ha pasado y por qué.

Cuando un niño desde su curiosidad pregunta a sus cuidadores o adultos de referencia sobre la muerte y estos evaden el tema, el niño no dejará de pensar en ello por el silencio de sus padres. Su propia necesidad de saber y encontrar respuesta a sus preguntas le hará crearse una narrativa que le explique qué es lo que ha pasado con ese paja-

---

4 Aznárez, B. (2021). *El trauma psíquico es de todos. Rompe el silencio*. Edición: www.triunfacontulibro.com.

rito del parque y con el abuelo de la peli. Y adivina: ¿cómo puede ser la narrativa creada por un niño pequeño cuyo cerebro está en desarrollo y se caracteriza por tener un pensamiento mágico y egocéntrico? ¡Exacto! Una narrativa desintegrada, incompleta, incoherente e ineficaz.

- «Mi abuelito se murió por mi culpa. Un día me dijo que lo iba a matar de un infarto y se murió».

- «Yo no me quiero montar nunca en un caballo porque en la peli mataron al padre de Dolores cuando estaba montado en un caballo».

- «Mi primo se murió porque yo no quise jugar con él y se puso triste, y por eso se murió».

Duele muchísimo ver a nuestros niños sufrir, queremos protegerlos del dolor, pero ¿no crees que los podemos ayudar más acompañándolos mientras atraviesan el dolor, y no dejándolos a solas mientras su propia imaginación profundiza su terror y acentúa ideas erróneas que, en últimas, terminan afectando su día a día y su salud mental?

Nuestros niños y niñas nos necesitan informados, necesitan que los acompañemos a entender la muerte como parte de la vida y que juntos construyamos un concepto coherente sobre lo que significa «morir» y sobre la vivencia del dolor cuando perdemos a un ser querido.

8.
CÓMO ACOMPAÑAR A LOS NIÑOS Y NIÑAS EN LOS PRIMEROS DÍAS DE LA PÉRDIDA

Lo primero que podemos hacer para acompañar a un niño o una niña que ha sufrido una pérdida significativa es brindar apoyo a su familia, que también está sufriendo y haciendo duelo por la misma pérdida.

Es muy difícil para un cuidador lidiar con el dolor de su hijo o niño a cargo y tener que gestionar al mismo tiempo todo su malestar emocional y lo que ello conlleva. En esos momentos, esa familia necesita apoyo; por supuesto, sostén emocional, pero también en aspectos concernientes a trámites burocráticos o económicos, que suelen suceder durante y después del fallecimiento del ser amado. Otra alternativa es preguntar en qué pueden ayudar y, si tienes la disponibilidad, gestionar el espacio para poder brindar el apoyo solicitado.

Un cuidador apoyado, sostenido, que ha podido llorar, expresar su impotencia, su miedo, su enfado y que ha tenido «un otro» que, al mismo tiempo, lo ha escuchado, acompañado, consolado, abrazado, tiene muchas más posibilidades de poder acompañar óptimamente al niño o a la niña que tiene a su cargo. Lo contrario puede desencadenar que no haga un adecuado proceso de duelo y que tanto la familia como el niño queden en situación de vulnerabilidad, lo cual aumenta las posibilidades de generar un duelo traumático.

En el caso de que seas tú el adulto que ha perdido a su ser amado o seres amados y que, además de lidiar con tu dolor, tienes a cargo a uno o más niños, es importante que pidas ayuda si aún no lo has hecho. Si son varios adultos en tu familia, entre todos podéis repartiros las labores con el fin de hacer el trabajo más llevadero y equilibrado. Si no tienes familiares cercanos, podrías intentarlo con tus amigos más próximos. Es importante que tengas presente que, para cuidar suficientemente bien a los niños y niñas que tienes a cargo, es necesario que primero te cuides suficientemente bien a ti mismo.

En lo referente a la ayuda que podemos brindar a nuestros niños y niñas con el fin de realizar un acompañamiento óptimo, sobre todo en esos primeros días y meses sucesivos a la pérdida, te mencionaré algunos puntos que considero fundamentales:

1. Tu protección y compañía serán la mejor pauta para acompañar a un niño o niña en proceso de duelo

No conozco una herramienta o pauta de crianza que sea más humana y consoladora que sintonizar con el sufrimiento de otra persona, más aún cuando ese ser que sufre es un niño pequeño. Para sintonizar con nuestros hijos, debemos estar presentes. Estar presentes va más allá de estar en el mismo lugar. Significa estar disponibles, atentos y desconectados de todo aquello que no permite una presencia plena.

A veces el dolor de la familia por la pérdida es tan profundo que necesitan llorar la muerte del ser amado, pero, al mismo tiempo, sienten temor de hacerlo delante del niño, por lo que, con toda la buena intención, suelen enviarlo a casa de algún familiar. Sin embargo, esto no es recomendable, ya que el niño ya podría estar asumiendo la pérdida como un abandono; separarnos de él en esos momentos puede generarle mayor dolor. Por tanto, es importante nutrir su sentido de pertenencia permitiéndole participar en los momentos que se reúne la familia, o cuando hacen una videollamada con aquellos amigos o familiares, pues son espacios que pueden contribuir a este objetivo.

Los niños suelen pedir compartir espacios con sus pares; si no lo hace, podrías preguntarle si le apetece verse con esos amigos o familiares más cercanos (por ejemplo, sus primos). Quizá reunirse una tarde podría ayudarle, siempre y cuando notes que es algo que realmente desea.

2. Conviértete en su «traductor» emocional

Los niños y niñas viven el duelo de forma muy diferente porque, entre muchas razones, no poseen un vocabulario emocional rico que les permita expresar claramente cómo se sienten: «Me siento enfadada con el mundo entero. ¿Cómo es posible que haya perdido a mi padre justo cuando más necesito sentirme segura y a salvo?»; en lugar de ello, su malestar se expresa en forma de síntomas. Es probable que se muestren más irritados, que se frustren con mayor rapidez, en algunas ocasiones incluso pueden perder el apetito.

A veces, es suficiente con que tú, en lugar de ocultar tu tristeza, puedas aprovechar ese momento en el que te sientes vulnerable y explicarle precisamente lo que estás sintiendo.

—Mami, ¿estás llorando otra vez por el abuelo?

—Sí, cariño, estoy triste. Empiezo a recordar lo especial que fue conmigo y siento nostalgia. ¿Te acuerdas de cuando vino a visitarnos en las vacaciones de verano y armó con nosotros la casita del patio?

—Sí, yo lo ayudé a montarla.

—¿Salimos juntos y nos metemos en ella para recordarlo?

Otras veces, será necesario que le «traduzcas» algunas situaciones que lo desbordan:

—¿El enfado que sentiste hoy al mediodía mientras comíamos quizá es porque sientes que echas mucho de menos a tu padre? Lo sé, cariño. Es difícil para todos. Estamos juntos en esto y juntos lo superaremos.

Recordad que todas las emociones son válidas. No hay emociones buenas o malas, todas son adaptativas y necesitan ser expresadas. Por ello validar el mundo emocional del niño, tanto del que está atravesando un proceso de duelo como de cualquier otro niño o niña del mundo, es un trabajo que debemos llevar a cabo los adultos. Si sientes que la situación te desborda y no sabes cómo hacer dicho acompañamiento, siempre puedes acudir a un profesional para recibir ayuda.

3. Volved a la rutina y a las actividades correspondientes del día a día en la medida de lo posible

Suele ocurrir que, cuando atravesamos un duelo causado por la muerte de un ser querido, parece como si la vida para ti se pusiera toda en pausa. Sin embargo, el perder las rutinas puede generar en el niño la sensación de no haber perdido únicamente a su ser amado, sino la creencia de que ha perdido todo aquello que era importante para sí. Recordemos que no solo perdemos personas, también perdemos ideales, expectativas, formas de ver la vida, sueños. Por ello, procurad en lo posible volver a la rutina y a los horarios lo más parecido posible a como lo teníais antes. Transmitir la sensación de seguridad y protección al niño será una prioridad, y trabajar por intentar mantener la estabilidad de lo construido es una forma de trabajar en ese objetivo.

Podéis encontraros con que, al inicio, el peque se muestre reacio a cooperar, es normal y esperado, necesitará de vuestro apoyo y paciencia. Es posible que, si tu hija antes era autónoma en actividades como cepillarse ella misma sus dientes, ahora pida tu ayuda, o que, si antes dormía sola, ahora se muestre más reacia a hacerlo sin tu compañía.

4. Facilita canales para que exprese su malestar

Suelo decir que un niño pequeño nunca nos va a decir: «Estoy triste. Hoy he tenido un día muy difícil, ¿podemos hablar sobre cómo me siento?». Sin embargo, lo que sí te va a decir es: «Papi/mami, ¿juegas conmigo?».

Jugar es algo tan serio para nuestros hijos que es una de las formas más efectivas para hablar de lo que les pasa por dentro. El juego es la herramienta que más disfrutan porque les ayuda a conectar mejor con papá y mamá, les permite sentirse escuchados y tenidos en cuenta e importantes.

¿Has notado que, cuando tus hijos juegan, ponen en escena muchas cosas de su día a día? Muchos de los problemas que mis hijos y pacientes han tenido los suelen proyectar espontáneamente en sus momentos de juego. Es un espacio en el que, al sentirse cómodos, hablan con mayor facilidad de aquellas cosas que se les haría más difícil contar a base de preguntas hechas por nosotros. Por ello, es normal que, mientras transitan su dolor y durante esos primeros días o meses de la pérdida, los veas jugando a que alguien se muere, a que van a un cementerio o incluso a verbalizar querer morirse, sobre todo cuando se ha explicado la muerte como un viaje o un estado de sueño en el que se encuentra el fallecido.

Tomarnos en serio el juego beneficia a nuestros hijos y también a nosotros como padres y madres.

Podrías también darle la posibilidad de pintar, jugar con plastilina, con arena o con algún elemento que le brinde la posibilidad de construir objetos. A través de ello, también suelen expresar y canalizar cómo se sienten por dentro.

Nuevamente, si sientes que es algo que te desborda y que no sabes cómo dirigir, consulta con un profesional que te ayude en esta labor.

Bibliografía consultada

Aznárez, B. (2020). *Psicoterapia breve con niños y adolescentes. El arte de entender, manejar, disfrutar y transformar la relación padres-hijos en terapia.* Barcelona: Editorial Marcombo.

—. (2021). *El trauma psíquico es de todos. Rompe el silencio.* Edición: www.triunfacontulibro.com.

Bowlby, J. (1989). *Una base segura: aplicaciones clínicas de la teoría del apego.* Barcelona: Paidós Ibérica.

Fitzgerald, H. (1992). *The grieving child.* New York: Editorial Touchstone.

González, M. (2023). *Crianza Asertiva. Cómo construir un apego seguro y cuidar de la salud mental infantil.* Madrid: Editorial Sentir

OTROS TÍTULOS DE LA COLECCIÓN